LA CARTA

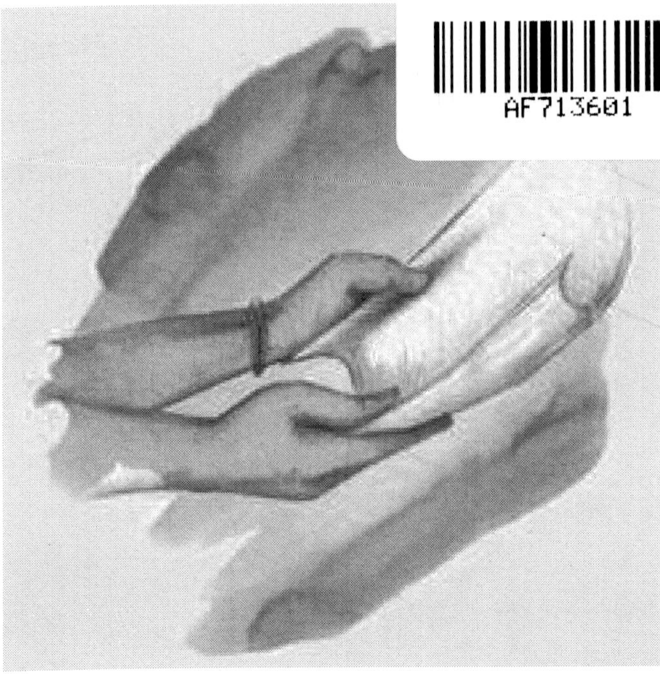

THERESA MARRAMA

Interior art and cover art by digitalhandart

Book cover graphics by bookcover_pro

ISBN: 978-1-7339578-8-5
ISBN-13: 978-1-7339578-8-5

Always be proud of who you are! You are enough!

ÍNDICE

Prólogo 1

Capítulo 1 3

Capítulo 2 6

Capítulo 3 10

Capítulo 4 13

Capítulo 5 16

Capítulo 6 19

Capítulo 7 21

Capítulo 8 23

Capítulo 9 26

Capítulo 10 32

Glosario 35

ACKNOWLEDGMENTS

A big **MUCHAS GRACIAS** to the following people: Jennifer Degenhardt, John Sifert, Andrea Dima Giganti and Ana Sequiera, Not only did you provide great feedback but you never hesitate to read my stories or edit my work!

Prólogo

(Presente)

Bianca está en el carro de su madre. Está nerviosa. Sus manos tiemblan. Su corazón empieza a latir rápidamente.

«No puedo hacer eso. Ella nunca lo comprenderá», piensa Bianca.

Tiene miedo. No de su situación actual ni de la noticia que le dará a su madre. Tiene miedo porque no sabe cómo va a reaccionar su madre.

«¿Cómo es posible? Todo va bien en mi vida pero al mismo tiempo un desorden completo.», piensa Bianca.

En ese momento Bianca entiende que todo va a cambiar. Pero en realidad todo debe cambiar. Ella quiere ser feliz... Para poder ser ella misma...

Es simple...un pedazo de papel. Un pedazo de papel que cambió su vida para siempre. Una carta que abrió más su corazón.

Bianca mira a su madre y mira la carta en sus manos. Pensando en todo que ha pasado en las dos últimas semanas y con toda su valentía, ella empieza a explicar:

—Mamá debo decirte algo... algo muy importante...

Capítulo 1

(Hace dos semanas)

Bianca mira su teléfono celular. Son las 11:00. Usualmente, ella espera a Cristina en su casillero para ir a la cafetería. Bianca está ansiosa. Siempre se siente ansiosa cuando ve a Cristina. En realidad, ella siempre se siente ansiosa cuando pasa tiempo con ella. No es solamente su mejor amiga. Ella es sincera, simpática, linda. Ella es popular, y... bueno, ella es perfecta. Ella es...

—¿Bianca, ¿vienes? Quiero comer. ¡Tengo hambre! —dice Cristina cuando llega a su casillero.

Bianca va a la cafetería con Cristina. Ella abre Snapchat, pone su brazo en el hombro de Cristina y se toman un selfie. Ella toma muchas fotos con Cristina.

Ella escribe un mensaje en la foto de Snapchat: «Es perfecta, ¿cierto?»

Cristina ve la foto y el mensaje. Ella pone su brazo sobre el hombro de Bianca.

Bianca ama su relación con Cristina. Nunca ha tenido una relación como ésta con nadie. Cristina entiende a Bianca.

Bianca entiende a Cristina. Cristina pasa mucho tiempo con Bianca. Las dos chicas son inseparables.

— Bianca, yo no soy perfecta. ¡Nadie es perfecto! —dice Cristina.

—¡Tú crees que Adán es perfecto! —responde Bianca de forma sarcástica con su mano sobre el hombro de Cristina.

Adán es un chico de la escuela. Es popular y muy buen deportista. Practica fútbol americano en la escuela. Es fuerte. Bianca piensa que Cristina está enamorada de él. Ella habla mucho de él. Bianca no entiende por qué Adán le interesa. Según Bianca, Adán cree que es demasiado "cool".

—Muy gracioso, Bianca, muy gracioso —responde Cristina.

Bianca mira la foto de Snapchat y sonríe. Las dos chicas van a la cafetería para comer.

Capítulo 2

—Bianca, ¿vienes conmigo el próximo fin de semana? —pregunta Cristina.

—Yo creo que sí, pero debo preguntarle a mi madre —dice Bianca.

Bianca vive con sus padres. Vive en el estado de Nueva York, en las afueras.

Normalmente, Bianca va a la casa de Cristina los fines de semana o Cristina viene a su casa, pero este fin de semana Cristina va a ir con su familia a un chalet en los Adirondacks, cerca del Lago Champlain. Como las chicas están juntas siempre, Cristina le invita a su mejor amiga. ¡Obvio!

Después del almuerzo en la cafetería, Cristina va a su clase de matemáticas y Bianca va a su clase de inglés.

—Envíame un mensaje más tarde cuando le preguntes a tu madre —dice Cristina.

—¡Sí, te escribo un texto! —responde Bianca.

En matemáticas, Cristina tiene problemas para concentrarse. Adán está en esa clase también y se sienta delante de ella. Él la ignora. Siempre la ignora, pero ella lo mira. Es grande. Es fuerte y es guapo. Tiene los ojos cafés. Cristina está completamente perdida en sus pensamientos cuando escucha:

—¿Tienes la tarea? —pregunta Adán.

—¿Qué? —responde Cristina.

Ellaesta se sorprendida. Adan nunca le habla. Ella no le responde.

—¿La tarea, la hiciste? —pregunta él.

Cristina busca la tarea en su libro. Ella se la da y dice:

—Sí, aquí está, pero no sé si la hice bien...

Adán toma la tarea y la conversación termina. Adán no solamente es deportivo y guapo. Es inteligente. Es el más inteligente de la clase de matemáticas. ¡Pero Cristina, no! Cristina piensa que la clase de matemáticas es difícil. El profesor no explica bien. Ella no entiende cómo es que se usan las letras en los problemas de matemáticas. ¡La clase de matemáticas es tonta!

Finalmente, la clase termina. Cristina va a su casillero. Mira su teléfono y ve que tiene un mensaje. Es un mensaje de Bianca. Empieza a responder cuando escucha su nombre.

—¡Oye, Cristina!

Ella mira atrás y ve a Adán. Ella no entiende. «¿Por qué me habla? Él nunca me habla », piensa.

Capítulo 3

—Adán, ¿cómo estás? —dice Cristina.

—Dijiste en clase que tu hiciste mal la tarea.

—Sí, la clase de matemáticas es difícil para mí. No entiendo bien las matemáticas.

—Bueno, si quieres un poco de ayuda, soy tutor. Yo ayudo a otros estudiantes en matemáticas después del colegio.

—Muchas gracias —responde Cristina . con una sonrisa grande.

Ella se siente contenta y sorprendida. Ella lo mira mientras va a hablar con un grupo de sus amigos. Es un grupo de deportistas que siempre están juntos en la escuela y después de la escuela. Son inseparables. Adán siempre está con ellos. En la escuela, los otros estudiantes llaman a este grupo «Los deportistas sin cerebro».

En ese momento alguien toca su hombro.

—Voy a hablar con mi madre esta noche. ¡Revisa tus mensajes en la noche! —dice Bianca.

Cristina no responde. Bianca ve que Cristina está perdida en sus pensamientos. Ve que Cristina mira a Adán.

—¡Cristina! ¡Regresa a la tierra! —dice Bianca mientras que pasa su mano delante de los ojos de Cristina.

—¿Qué? ¿qué me dijiste? —pregunta Cristina.

—Dije que voy a hablar con mi madre esta noche. ¡Espera mi mensaje! —le explica Bianca.

—Bien. Espero tu mensaje —responde Cristina.

Capítulo 4

Bianca está en su cuarto. Como siempre, escucha música y escribe en su diario. Ella escribe todo en su diario. Sus pensamientos, los buenos recuerdos y los momentos que no quiere olvidar.

Mientras pasa las páginas, se da cuenta de que en todas las páginas está el nombre de «Cristina». Bianca sonríe cuando lee las páginas de su diario. Tiene muchos lindos recuerdos, sobre todo con Cristina. No puede imaginar su vida sin ella.

—¡Bianca! ¡A comer! —dice su mamá.

—Un momento, mamá —responde Bianca.

Ella cierra su diario y lo pone debajo de su cama. Lo pone debajo de su cama porque tiene demasiados secretos en su diario. Secretos que quiere guardar. Un secreto en particular. Un secreto que sólo Bianca sabe.

—Mamá, el próximo fin de semana, Cristina va a ir al chalet en los Adirondacks. ¿Puedo ir con ella? —pregunta Bianca.

—Bianca, siempre vas con Cristina durante la semana y durante los fines de semana. Quiero pasar más tiempo contigo —responde su mamá.

—¡Por favor, mamá! Podemos pasar tiempo juntas la próxima semana —dice Bianca.

Bianca ve que su mamá se pone triste. Se siente mal porque ella ama a su mamá. Es una persona muy gentil. Su madre es muy religiosa y viene de una gran familia haitiana. Pero ella es muy tradicional. Por ejemplo, su madre no trabaja. Ella se queda en la casa con Bianca, su única hija. Su madre cree que el hombre debe proteger a la mujer. Ella cree que el hombre debe trabajar por su familia.

Bianca no está de acuerdo con lo que su madre cree. Las ideas que ella cree son muy tradicionales, según Bianca. Su padre es americano. Él es más abierto y tiene ideas más progresivas que su madre.

—Bianca, lo voy a hablar con tu padre —responde su mamá.

Bianca no está contenta con la respuesta de su mamá cuando su mamá le dice —Preparé tu sopa haitiana favorita, la sopa Joumou.

—¡La sopa Joumou! ¡Mi favorita!

Gracias, mamá—. Bianca está todavía frustrada, pero menos con la mención de su comida favorita.

Madre e hija comen y hablan de los planes para el fin de semana.

Capítulo 5

Después de la escuela, Cristina va a una reunión del club de periodismo. Ella es la presidenta del club. A ella le encanta el inglés y le gusta también leer y escribir. Le gusta poder presentar todas las diferentes opiniones que hay en su escuela. Pero Cristina no puede concentrarse durante la reunión porque piensa en Adán. Está sorprendida de su conversación del otro dia en la escuela.

Después de la reunión, ella regresa a su casa. Ella vive en una gran casa en las afueras. A Cristina le gusta su casa. Le gusta vivir en el campo, donde todo es más tranquilo y calmado. Cuando entra a su casa, ve a su mamá sentada a la mesa.

—Hola Cristina. ¿Cómo estás?

—Hola mamá. Estoy bien.

—Quiero decirte que el próximo viernes tengo que trabajar. Pero cuando tu padre y yo regresamos a la casa, vamos a salir para el chalet.

Su madre trabaja como enfermera en un pequeño hospital y su padre trabaja como policía. Sus padres trabajan mucho. Cuando tienen tiempo, a su familia le gusta ir al chalet en los Adirondacks.

De repente, siente que su teléfono vibra en su bolsillo. Ella lo mira: ¡es un mensaje de Adán en snapchat!

« ***Puedo ayudarte en matemáticas despues de la escuela, ¿quieres?*** »

Cristina no lo puede creer. Es un mensaje de Adán. Nunca ha recibido un mensaje de él. Ella responde el mensaje y confirma la hora de la cita.

Esa noche no puede dormir porque se siente muy nerviosa. Está muy nerviosa. Piensa en el día siguiente. Adán la hace sentirse nerviosa. Él es el chico más popular de la escuela. Ella quiere enviaarlc un mensaje a Bianca, pero piensa en Bianca, en las cosas que ella siempre dice sobre Adán. Ella sabe que a Bianca no le gusta cuando ella habla mucho con Adán. Decide que es mejor no enviar el mensaje a Bianca sobre la conversación virtual con Adán. Después de todo, es solamente su tutor de matemáticas.

CAPÍTULO 6

Durante las dos próximas semanas, Adán empieza a ayudarle a Cristina en matemáticas. Bianca empieza a ver que Cristina pasa mucho tiempo con Adán después de la escuela y ella está celosa. Es ahí donde se da cuenta de que los sentimientos que ella tiene por Cristina son reales.

En la escuela, Bianca se concentra en sus estudios. Después de la escuela, pasa tiempo con su madre y lee muchos de sus libros favoritos. Ella quiere distraerse para olvidar de sus sentimientos.

Un día, después de la escuela, su madre le pregunta:

—¿Bianca estás bien? Estas un poco rara estos últimos días. ¿Está todo bien en la escuela? Sabes que me puedes hablar.

Bianca nota que su madre está preocupada. No quiere mentir, pero no puede explicarle sus sentimientos o la situación a su madre. Ella tiene miedo. Su madre no la va comprender. Entonces le dice una pequeña mentira que en realidad es una gran mentira.

—Si estoy bien mamá. Hay muchos proyectos y exámenes en la escuela y me siento un poco estresada. Es todo.

Después de hablar con su madre, Bianca pasa mucho tiempo en su cuarto. Quiere enviarle un mensaje a Cristina para explicarle cómo se siente. Ella empieza a escribir muchos mensajes pero no los envía. No quiere explicar sus sentimientos por medio de un mensaje en Snapchat. Tiene que hablarle en persona.

CAPÍTULO 7

Al final de la semana, Bianca está en la escuela. No le ha hablado a Cristina por tres días. A ella no le gusta nada esta situación. Ella se da cuenta que Cristina pasa mucho tiempo con Adán después de la escuela y a ella no le gusta eso. A ella no le gusta la distancia entre ellas.

Después de las clases, Bianca ve a Cristina caminando con Adán. Se hablan y puede ver que Cristina está muy feliz. Cristina llega a su casillero y ve a Bianca. Quiere hablarle a Bianca, porque ya tienen dos días sin hablar.

—¿Bianca, viste mi mensaje ayer en la noche?

—Sí.

—Y... ¿Por qué no me respondiste?

—Vi tu mensaje pero tenía mucha tarea y después de eso me acosté —responde Bianca.

—Bianca, tú siempre respondes mis mensajes. ¿Está todo bien?

—Sí, pero ya me tengo que ir a la clase, voy tarde.

Cristina no responde. No sabe qué decir. Ella mira a Bianca mientras camina hacia su clase. Cristina no sabe qué pasa, pero Bianca está diferente; un poco distante. Cristina está confundida al ver que Bianca está rara. A Cristina no le gusta ese sentimiento de soledad que siente. Ella trata de olvidar esta situación con Bianca y va a la clase.

Capítulo 8

El viernes después de la escuela, Cristina va a su casa. Mira a su teléfono muchas veces. Espera un mensaje de Bianca. Se siente un poco ansiosa porque Bianca no le ha hablado mucho durante esta semana y tiene que pasar el fin de semana con ella. Bianca le hace falta. Usualmente las dos chicas siempre están juntas. Cristina se da cuenta de que las dos últimas semanas fueron diferentes. No le gusta su vida sin Bianca.

De repente, siente que su teléfono vibra en su mano. Lo ve: Es un mensaje de Adán. Cristina está decepcionada porque no es un mensaje de Bianca, su mejor amiga. Ella lee el mensaje:

«Si quieres más ayuda en matemáticas, puedo ayudarte la próxima semana, después de la escuela.»

Mientras ella lee el mensaje, su teléfono celular vibra otra vez. Tiene otro mensaje. Ella lo mira: ¡es un mensaje de Bianca! Cristina sonríe. Este mensaje la hace mucho más feliz que los demás mensajes. El mensaje dice:

«¿Vas al chalet conmigo este fin de semana? Entiendo si no quieres.»

Ella lee el mensaje dos o tres veces antes de responder. Finalmente, escribe:

« ¡SÍ! ¡No quiero pasar el fin de semana con nadie más!

Dos horas después, Bianca llega a la casa de Cristina. Hay algo diferente con Bianca y Cristina puede sentirlo. Ella no es la misma. No es tan cariñosa como de costumbre y no habla mucho.

—¿Cristina, estás lista? Tu padre está listo para irse, dice su madre.

—Sí, mamá. Estamos listas.

Ella pone la mano sobre el hombro de Bianca para demostrarle que está feliz y que quiere pasar tiempo con ella y suben al carro.

****

Más tarde Bianca, Cristina y su familia llegan al chalet en los Adirondacks. Todos comen juntos. Las chicas nadan en el lago y hablan un poco, pero la conversación es diferente. Bianca está nerviosa. Quiere decirle a Cristina cómo se siente, pero no quiere a la vez.

Cristina está súper feliz de estar con su amiga, pero la conversación no es normal. Hay un problema, pero Cristina no sabe qué es. Cristina tiene que hablar con su amiga.

Capítulo 9

Esa noche Cristina y Bianca están afuera, bajo las estrellas. Están sentadas en el suelo mirando las estrellas.

—¿Cristina? Tengo que hablarte.

Y, en ese momento Bianca empieza a temblar. Su corazón comienza a latir rápidamente. Cristina no puede verla porque está un poco oscuro, pero Bianca empieza a llorar un poco. «¿Cómo es que voy a decirle a mi mejor amiga que estoy enamorada de ella?» piensa Bianca.

—¿Qué pasa, Bianca? pregunta Cristina. Durante un momento, las dos chicas permanecen en silencio.

—Yo... estoy enamorada de ti, Cristina. Cristina no dice nada.

—Estoy enamorada de ti desde hace mucho tiempo —explica Bianca.

Cristina no responde.

Bianca la mira y en ese momento y Cristina saca un papel de su bolsillo. Es una carta.

Hay un gran silencio. Cristina no habla. Bianca tiene muchísimos sentimientos, pero no sabe qué hacer ni qué más decir.

«No no... Fue una mala idea... Fue muy mala idea decirle mi secreto. ¿Está sorprendida? ¿Me detesta?», piensa Bianca.

Finalmente, Cristina mira a Bianca. Le da el papel que tiene de su bolsillo. Ella le dice:

—Bianca, tú eres mi mejor amiga. Pienso que eres muy especial. No puedo existir sin ti. Te amo. Te he escrito una carta. Debes leerla después. La carta lo explica todo.

Bianca pone la carta en su bolsillo. Ella sabe que en ese momento todo va a cambiar entre ella y Cristina. Ella lo sabe. Cristina toma su mano y se siente una energía nueva. Después de ese momento, las dos chicas continúan mirando las estrellas tomadas de la mano.

****

Al día siguiente, Bianca se levanta y sale para esperar a su madre. Cristina duerme y no quiere despertarla. Afuera, busca la carta que Cristina le dio por la noche bajo las estrellas. Abre la carta y la lee.

Bianca,

Sé que estas últimas dos semanas algo ha cambiado entre nosotras. Lo siento mucho. Me di cuenta que mi vida no es la misma sin ti. Eres mi mejor amiga.

Me gusta mucho tenerte como amiga. Es muy importante tenerte en mi vida. Adán no me interesa. Nunca quise lastimarte. Mientras escribo esta carta, me siento muy ansiosa y tengo mucho miedo decirte esto... Pero…

Creo que estoy enamorada de ti y no solo lo pienso, lo sé… Lo sé desde hace mucho tiempo. Todo esto es nuevo para nosotras, pero lo podemos afrontar juntas como siempre.

♡♡♡♡♥ *Cristina*

Cuando termina de leer la carta, sonríe. No puede dejar de sonreír. «Cristina y yo sentimos lo mismo» piensa Bianca. En ese momento, ella ve el carro de su madre y con una gran sonrisa y con la carta en sus manos, sube al carro de su madre.

Capítulo 10

Ansiosa. Bianca está muy ansiosa. Sus manos tiemblan y su corazón comienza a latir rápidamente.

Bianca mira a su madre y mira la carta en sus manos. Con toda su valentía, ella empieza a explicar:

—Mamá, debo decirte algo... algo muy importante...
—Dime Bianca. Puedes decirme cualquier cosa.

Bianca mira la carta entre sus manos. Ella duda un momento, pero finalmente dice:

—Amo a Cristina. Cristina no es solamente mi amiga o mi mejor amiga, la amo como tú amas a papá. La amo con todo mi corazón.

Hay un gran silencio. Bianca está nerviosa. Su madre no dice nada. Ella está muy ansiosa. Finalmente su madre le dice:

—Bianca ... No sé qué decir...

—Sé que estás decepcionada... pero... no puedo controlar mi corazón mamá —dice Bianca rápidamente.
—No Bianca, yo no estoy decepcionada. No, al contrario, estoy orgullosa de ti. Eres

muy valiente. Estoy orgullosa de ti y estoy orgullosa de la persona que eres. Tú eres mi hija Bianca y el amor no conoce de fronteras... No estoy decepcionada.

Bianca no responde. Ella mira a su mamá y la abraza, llorando.

GLOSARIO

A

a - to, at
abierto - open
abraza - s/he hugs
abre - s/he, it opens
abrí – I opened
(me) acosté - I went to bed
actual - actual
(estar de) **acuerdo** - to be in agreement with
adirondacks - an area of mountains in Northeastern New York
afrontar - to confront
afuera - outside
afueras - the outskirts, suburbs
ahí - then, there
al - to the, at the, in the
algo - something
alguien - someone
almuerzo - lunch
ama - s/he loves
amas - you love
ame - s/he loves
americano - American
amiga - friend
amigos - friends
amo - I love
amor - love
ansiosa - anxious

antes - before
aquí - here
atrás - behind
ayer - yeterday
ayuda - s/he helps
ayudarle - to help him/her
ayudarte - to help you
ayudo - I help

B

bajo - short
bien - well
bolsillo - pocket
brazo - arm
buen(o)(os) - good
busca - s/he looks for

C

cafés - brown
cafeteria - cafeteria
calmado - calm
cama - bed
cambió - s/he, it changed
cambiado - changed
cambiar - to change
camina - s/he walks
caminando - walking
campo - field
cariños - affectionate
carro - car
carta - letter
casa - house
cassillero - locker
celosa - jealous
celular - cell phone
cerca - close, near to
cerebro - brain
chalet - cabin
chicas - girls

chico - boy
cierra - s/he closes
cierto - certain
cita - date, appointment
clase(s) - class(es)
club - club
colegio - high school
comen - they eat
comer - to eat
comida - food
comienza - s/he, it starts
como - like, as
cómo - how
completemente - completely
completo - complete, I complete
comprender - to understand
con - with
concentra - s/he concentrates
concentrarse - to concentrate
confirma - s/he, it confirms
confundida - confused
conmigo - with me
concoce - s/he knows
contenta - happy
contigo - with you
continúan - they continue
contrario - opposite
controlar - to control
conversaición - conversation
corazón - heart
cosa(s) - thing(s)
costumbre - custom
cree - s/he, it believes

creer - to believe
crees - you believe
creo - I believe
cualquier - whichever
cuando - when
cuarto - room
cuenta - s/he tells

D

da - s/he gives
dar - to give
de - of, from
debajo - underneath
debe - s/he, it must, should
debes - you must, should
debo - I must, should
decepcionada - deceived
decide - s/he, it decides
decir - to say, tell
decirle/me/te - to say/tell to him/me/you
dejar - to leave behind
del - from the, of the
delante - in front of
demás - the other
demasiado(s) - too much/many
demostrarle - to show him/her
deportista(s) - sporty, athletic
deportivo - sports
desde - since, from
desorden - disorder
despertarla - to wake her up
después - after

detesta - s/he hates
di - I gave
día(s) - day(s)
diario - diary
dice - s/he says
difícil - difficult
diferente(s) - different
dije - I said
dijiste - you said
dime - tell me
dio - s/he gave
distancia - distance
distante - distant
distraerse - to be distracted
donde - where
dormir - to sleep
dos - two
duda - s/he doubts
duerme - s/he sleeps
durante - during

E

ejemplo - example
el - he
ella - she
ellas - they
ellos - they
empieza - s/he begins
en - in, on
enamorada - in love with
encanta - to be really pleasing to
energía - energy
enfermera - nurse
entiende - s/he understnds
entiendo - I understand
entonces - then
entra - s/he enters
entre - between
envía - s/he sent

enviarle - to send it
enviar - to send
enviarle - to send it to him/her
eres - you are
es - s/he, it is
esa - that
escribe - s/he, writes
escribir - to write
escribe - I write
escrito - written
escucha - s/he listens
escuela - school
ese - that
eso - that
especial - special
espera - s/he waits for
esperar - to wait for
espero - I wait
esta - this
está - s/he, it is
estado - state
estamos - we are
estar - to be
estas - you are
este - this
esto - this
estos - those
estoy - I am
estrellas - stars
estresada - stressed
estudiantes - students
estudios - studies
exámenes - exams
existir - to exist
explica - s/he explains
explicar - to explain
explicarle - to explain to him/her

F

falta - lacks
familia - family
(por) favor - please
favorita(o)(s) - favorite
feliz - happy
fin(es) - end(s)
final - final
finalmente - finally
fines - end
forma - form
foto(s) - photo(s
fronteras - borders
frustrada - frustrated
fue - s/he went
fueron - they went
fuerte - strong

G

gentil - nice
gracias - thank you
gracioso - funny
gran - great
grande - big
grupo - group
guapo - handsome
guardar - to keep
gusta - it is pleasing to

H

ha - s/he has (auxiilary verb)
habla - s/he speaks
hablado - spoken
hablan - they speak
hablar - to speak
hablarle - to speak to him/her
hablarte - to speak to you

hace - s/he, it does
hacer - to do
hacia - toward
haitiana - Haitian
hambre - hunger
hay - there is, there are
he - I have (auxiliary verb)
hice - I did
hiciste - you did
hija - daughter
hola - hi
hombre - man
hombre - shoulder
hora(s) - hour(s)
hospital - hospital

I

idea(s) - idea(s)
ignora - s/he ignores
imaginar - to imagine
importante - important
inglés - english
inseparables - inseparables
inteligente - intelligent
interesa - s/he, it interests
invita - s/he invites
ir - to go
irse - to go away

J

joumou - a haiten soup
juntas(os) - together

L

la - the

lago - lake
las - the
lastimarte - to hurt you
latir - to beat
le - to him/her
lee - s/he reads
leer - to read
leerla - to read it
letras - letters
levanta - s/he gets up
libro(s) - books
linda(o)(s) - nice
lista(o)(s) - ready
llaman - they call
llega - s/he arrives
llegan - they arrive
llorando - crying
llorar - to cry
lo - it, him
los - the

M

madre - mother
mal - badly
mala - bad
mamá - mom
mano(s) - hand(s)
matemáticas - math
Me -
medio - half
mejor - better
mención - mention
menos - less
mensaje(s) - message(s)
mentir - to lie
mentira - lie
mesa - table
mi(s) - my
miedo - fear
mientras - while
mira - s/he looks at, watches
mirando - watching

misma(o) - same
momento(s) - moment(s)
muchísimos - lots of
mucha(o)(s) - many, much
mujer - woman
música - music
muy - very

N

nada - nothing
nadan - they swim
nadie - no one
nerviosa - nervous
ni - nor
no – no, not
noche - night
nombre - name
normal - normal
normalmente - normally
nosotros - we
nota - notices
noticia - news
nueva(o) - new
nunca - never

O

o - or
obvio - obvious
ojos - eyes
olvidar - to forget
opiniones - opinions
orgullosa - proud
oscuro - dark
otra(o)(s) - others
oye - s/he hears

P

padre - father
padres – parents
páginas - pages

papá - dad
papel - paper
para - for
particular - particular
pasa - s/he spends
pasado - last
pasar - to spend
pedazo - piece
pensamientos - thoughts
pensando - thinking
pequeña(o) - small
perdida - lost
perfecta(o) - perfect
periodismo - journalism
permanecen - they stay
pero - but
persona - person
piensa - s/he thinks
pienso - I think
planes - plans
poco - a little
podemos - we are able
poder - to be able
policía - police
pone - s/he, it puts
popular - popular
por - for
porque - because
posible - possible
próxima - next
practica - s/he practices
pregunta - s/he asks
preguntarle - to ask him/her
preguntes - you ask
preocupada - worried
preparé - I prepared

presenter - to present
presente - to present
presidenta - president
problema(s) - problem(s)
profesor - teacher
progresivas - progressive
proteger - to ask
proyectos - projects
puede - s/he is able
puedes - you are able
puedo - I am able

Q

qué - what
que - that
(se) queda - she stays
quiere - s/he wants
quieres - you want
quiero - I want
quise - I wanted

R

rápidamente - quickly, fast
rara - odd
reaccionar - to react
reales - real
realidad - reality
recibido - received
recuerdos - memories
regresa - s/he returns
regresamos - we return
relación - relationship

religiosa - religious
(de) repente - suddenly
responde - s/he responds
responder - to respond
respondes - you respond
respondiste - you responded
respuesta - answer
reunión - meeting
revisa - check

S

sabe - s/he knows
sabes - you know
saca - s/he takes out
sale - s/he leaves
salir - to leave
sarcástica - sarcastic
se - himself, herself
secreto(s) - secret(s)
según - according to
seguras - sure
semana(s) - week(s)
sentada(s) - seated
sentimiento(s) - feelilng
sentimos - we feel
sentirlo - to feel it
sentirse - to feel
ser - to be
si - if
siempre - always
sienta - s/he sits
siente - s/he feels
siento - I feel

siguiente - following
silencio - silence
simpática - nice
simple - simple
sin - without
sincera - sincere
situación - situation
sobre - about
solamente - only
soledad - loneliness
solo - only
son - they are
sonrié - s/he smiles
sonreír - to smile
sonrisa - smile
sopa - soup
sorprendida - surprised
soy - I am
su(s) - his, her, their
sube - she gets in
suben - they get in
suelo - ground
súper - super

T

tambén - also
tan - so
tarde - late
tarea - homework
te - you
teléfono - telephone
temblar - to tremble
tenía - I had
tengo - I have
tenido - had
termina - it ends
texto - text
ti - you
tiemblan - they tremble
tiempo - time

tiene - s/he, it has
tienen - they have
tienes - you have
tierra - land, earth
toca - s/he touches
toda(o)(s) - all
todavía -
toma - s/he, it takes
tomadas - taken
toman - they take
tonta - foolish
trabaja - s/he works
trabajan - they work
trabajar - to work
tradicional(es) - traditional
tranquilo - calm
trata - tries
tres - three
triste - sad
tu(s) - your
tutor - tutor

U

últimas(os) - last
un(a) - a, an
única - only
usan - they use
usualmente - usually

V

va - s/he goes
valiente - brave
valiente - courageous
vamos - we go
van - they go
vas - you go
ve - s/he sees
veces - time(s)
ver - to see

verla - to see her
vez - time, instance
vi - I saw
vibra - it vibrates
vida - life
viene – s/he comes
vienes - you come
viernes - friday
virtual - virtual
viste - you saw
vive - s/he lives
vivir - to live
voy - I go

Y

y - and
ya - already
yo - I

ABOUT THE AUTHOR

Theresa Marrama is a French teacher in Northern New York. She has been teaching French to middle and high school students for 11 years. She has translated a variety of Spanish comprehensible readers into French. She is also a published author. She enjoys teaching with Comprehensible Input and writing comprehensible stories for language learners.

Her books include:

Une Obsession dangereuse, which can be purchased at www.fluencymatters.com

Her books on Amazon include:

Une disparition mystérieuse
Una desaparición misteriosa
L'île au trésor:
Première partie: La malédiction de l'île Oak
La ofrenda de Sofía
Léo et Anton / Luis y Antonio / Leona und Anna
La lettre

Made in the USA
San Bernardino, CA
27 February 2020

65045845R00035